アンネのバラ

40年間つないできた
平和のバトン

國森康弘

講談社

毎年、春から秋のおわりにかけて、
東京都杉並区にある高井戸中学校には、
ちょっとめずらしいバラがさきます。

つぼみは深紅。
花が開くと黄金色。
やがて薄桃色にうつろい、
また紅に。
まるで、くるくると
表情を変える、
感情豊かな少女のよう。

さいごには、風にふかれて、ぱっとちってしまう、
どこかものがなしくも、りんとした、ほこり高き花です。

その花は「アンネ・フランクの形見(かたみ)(Souvenir d'Anne Frank)」といいます。

ユダヤ人の少女アンネ・フランクは、第二次世界大戦中の1945年に、
ナチス・ドイツの強制収容所で命を落としました。15さいでした。

そのころ、ナチスによって、ユダヤ人は、
ユダヤ人というだけで、差別され、苦しめられ、
殺されました。
ユダヤ人とわかると、強制収容所へ連れていかれ、
ほとんどだれも、もどってきませんでした。
1944年8月に収容所へ連れていかれるまでの約2年間、
フランク一家は、かくれ家で息をひそめてくらしました。
デートはおろか、食事やトイレすら自由にならず、
いつ、つかまって殺されるだろうとおびえながら。
本当なら、太陽の下で笑って
いられたはずなのに……。
アンネは日記に、
こう書きのこしました。
「わたしの望みは、死んでからも
なお生きつづけること！」
（1944年4月5日付）

『アンネの日記』は世界中で読まれました。その死をいたんだベルギーの園芸家が、新種のバラに「アンネの形見」と名づけたのです。

哀悼と平和への祈りがこもったバラは、アンネの家族でただひとり生きのびた父オットーさんにおくられ、家の庭に植えられました。

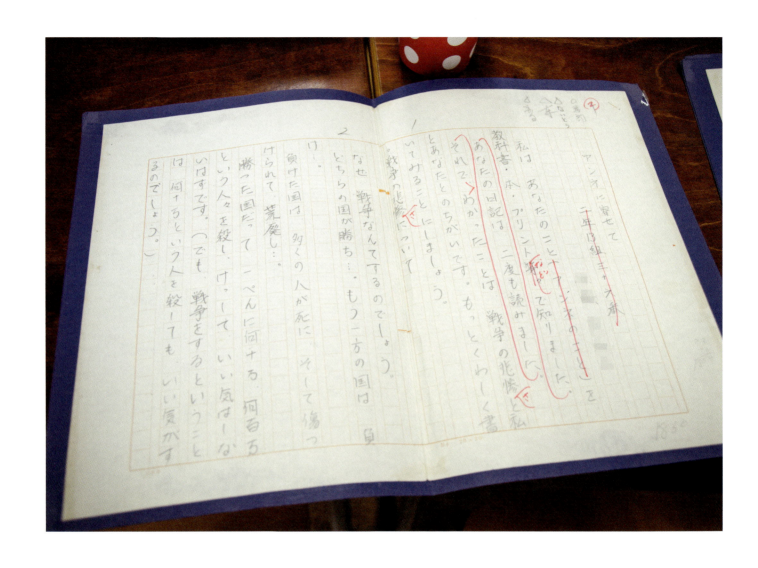

40年前、生徒たちはアンネへの手紙をオットーさんに送りました。
そしてバラのことを知り、自分たちの手で育てたいとねがいます。

今、高井戸中学校に、さきはなやいでいるアンネのバラは、
そのねがいを受けて、オットーさんが送ってくれたものです。

わずか３株(かぶ)だったバラは、今では160株ほどにふえています。

でも、その道は、けっしてやさしいものではありませんでした。

長い間、いつもだれかが
バラを気にかけ、
世話(せわ)してきました。
それでも、何度(なんど)も消(き)えてしまい
そうになりました。

大人たちだけに、バラの世話がゆだねられたこともありましたが、
2004年、生徒たちが「アンネのバラ委員会」を立ちあげました。

「アンネと同い年の自分たちが、
平和へのおもいをつないでいこう。」
「アンネのバラ委員会」は、
今日も活動を続けています。

ある日、40年前にアンネへの手紙を文集にまとめ、オットーさんに送った生徒のひとりで、表紙の版画をほった坪松博之さんが来校し、思いを伝えました。
「表紙にきざんだたくさんの手は、ひとつには、戦争などでぎせいになった人びとの手です。
さまざまなぎせいの先に、ぼくらは生かされています。
これらの手は平和を作りだすぼくらの手でもあるのです。
ぼくらはバラを植えました。
でも、始めるより、続けるほうがむずかしい。
バラがさきつづけてきたと知り、心がふるえました。
これからも平和への思いを表現しつづけてください。
平和は向こうからは歩いてこない。」
話しおわると、体育館に、はくしゅがわきおこりました。

坪松さんから、アンネのバラが学校に来るまでの話を聞いて、
委員以外にも、バラの世話を手伝う生徒があらわれました。

バラはこまめに手入れしなければ、きれいにさきません。
注意(ちゅうい)して見ていないと、虫がついたり、病気(びょうき)になったりします。

生徒だけでは手におえないことも、もちろんあります。
そんなときは、保護者と地域の人びとで作られている、
「アンネのバラ・サポーターズ」の出番です。
バラに元気がないときはどうすればよいかなど、
さまざまなことを手とり足とり教えてくれます。
「世話がやけるからこそ、いとおしい。
まるで……、アンネのバラはわが子のよう。」と言って。

多くの人の手に守られて、アンネの形見は何十年もたえることなく、
高井戸中学校でさきつづけてきました。

いつもそばにあって、登下校(とうげこう)を見守ってくれるバラは、
あたりまえにあるのではない——。生徒(せいと)はみな、気づきました。

　平和へのねがいがこめられたこの花が、国をこえて、時をこえて、いくたびの困難を乗りこえて、今、目の前にさいているのだと。

それは命のバトンリレー。一度でもとぎれていれば、今日、一輪もさいてはいないでしょう。

人もまた同じ。大昔から続くバトンリレーの先に、あなたがいます。
あなたの先にもきっと、何千、何万もの未来の子どもたちの命が。

しかし、アンネが
1944年5月3日の日記の中で
「人間には破壊本能が、
殺戮の本能がある。」
と心配したように、今日でも
戦争のために、世界中で命の
バトンがうしなわれています。
ユダヤ人が「加害者」と
されることも……。
今の世界を見て、アンネは
なにを思うでしょうか。

「政治家や資本家だけでなく、戦争の責任は名もない一般の人にもある。」
(1944年5月3日付)「たとえいやなことばかりでも、人間の本性は
やっぱり善なのだ。」(同年7月15日付) としるしたアンネ。
さいごのさいごまで、世界の平和をねがっていました。
人の良心を、亡くなるまで信じようとしていました。

さいているかぎり、アンネの形見(かたみ)は問(と)いかけてきます。

アンネのバラ……、あなたの心にもさいていますか？

① 戦争が断つ、命のつながり

　世界中の戦火を消したいとねがって、何年もの間、戦争を取材してきました。戦争が起こると、かならず罪のないおおぜいの子どもたちまで殺されてしまいます。それが悲しく、そしてゆるせないのです。戦争は、一部の政治家や資本家らの欲が引き金となって、おおぜいの、無関係で無関心な国民がまきこまれて起こります。その正体と、戦争がもたらす苦しみや悲しみを、全人類が知れば、戦争を止める「民の力」になると思っています。もし、私たちが考えるのをやめたり、口をつぐんだりしたら、次なるぎせいを生んでしまいます。

　2003年、アメリカがイラクをせめて始まったイラク戦争では、日本はアメリカ側につき、人道支援の名目で自衛隊を送りました。その戦争では、爆発にまきこまれて亡くなった少女、お父さんを米兵に殺され、自分の右足も失った少年、米兵に胸をうちぬかれた3さいの女の子たちがいました。ソマリアやスーダンなど、紛争がはげしいところでも、安全な水や食べ物が手に入らず、栄養失調で死んでいく子どもたちに出会いました。

　戦争は、天災とちがって、人が起こすもの、人災です。この人災がなければ、その子たちはもっと生きることができたでしょう。勉強をして夢をかなえたり、だれかをすきになって、子や孫をさずかったり、次の時代に「命」をつないでいけたでしょう。戦争は、その「命」のつながりをブチリと断ちきってしまいます。

　取材したのは、現在進行形のものだけではありません。アンネ・フランクもぎせいとなった第二次世界大戦。その戦場の最前線に、日本軍兵士として立たされた私たちのおじいちゃんや、沖縄でのたたかいにおいて「捨てごま」にされたおばあちゃん、100人近くに話を聞きました。なかでも印象にのこったのは、元兵士たちの言葉です。いっしょにたたかった仲間の顔や体はこうげきを受けてばらばらになり、愛する家族は原爆でもだえ

死にました。しかしその一方で、"敵国"では、捕虜をさし殺して、住民には乱暴をはたらきました。他国の人の「命のバトンリレー」を断ちきったのです。「鬼」「悪魔」とののしられたこともあったといいます。取材した人たちは「戦争が始まれば、だれにも止められない。」という言葉をのこしました。

取材を通じて、人間は戦場で「悪魔」にさえなれる、ということを思いしりました。それほどまでに、私たちの心はもろくて、弱い。だからこそ、戦争を遠ざけつづけなければならないのです。"勇ましさ"では、子どもたちを守れません。大切な人を守るのは、心のもろさに対するおそれからわきでる、平和をもとめる心です。

② アンネの青春と死と日記

　ユダヤ人のアンネ・フランクは1929年6月12日にドイツで生まれました。家族は、両親と3さい年上の姉マルゴーです。暮らしは豊かでしたが、ナチス・ドイツによる迫害からのがれるために、アンネが4さいのころ、フランク一家はオランダに移住します。少し病弱でせんさいな面もありましたが、明るくはつらつとして、女の子からも男の子からも人気がありました。

　しかし、オランダがナチスに占領されると、一家はユダヤ人狩りをおそれるようになりました。1942年7月、父オットーさんの会社のおくにあるかくれ家で生活を始めます。のちに〝恋心〟をいだくペーターの一家をふくめ、8人でくらすようになりました。

　前月のたんじょう日に、アンネはオットーさんから日記帳をもらっています。第二次世界大戦のただなか、思春期のアンネはかくれ家の中で、日記をつづりつづけました。密告によって1944年8月4日に連行されるまでの2年あまり、刃物のようにするどい感性とわき水のようにあふれる表現力で。文章という表現をとおして、苦難にたえ、乗りこえようとしたのかもしれません。

日記には、さまざまなことが書かれています。頭上をかすめる爆撃や、強制収容所へ連行されることへのおびえ、母親や共同生活者へのはげしいいきどおり、あるいは戦争を起こす一方で愛を語る人間への絶望と希望から、ペーターへの〝恋〟や性への関心まで、きびしくて密度のこい生活の中で、13さいから15さいへと成長していくアンネの生命力がほとばしっています。

　飢えと病気、強制労働と毒ガス、処刑──ユダヤ人を中心に何百万もの人が連行され、多くが殺された強制収容所。アンネは、姉マルゴーらとともに収容所アウシュヴィッツ、ついでベルゲン＝ベルゼンに送られました。そして1945年の2月、チフスのために亡くなります。「わたしにはまだ学ばなくちゃいけないことがたくさんある。」ととなえながら。空想のメニューを頭にうかべ、まぼろしのごちそうを口にしながら。それはマルゴーが同じ病気で亡くなった数日後のこと、連合国軍によって収容所が解放される2か月ほど前のことだったといいます。

　アンネの日記は、一家がかくれ家から連行されるときに、きせき的にとりあげられなかったものです。もし、ナチスが没収していたら、世界中で3100万部以上も読まれることはなかったですし、アンネと同じようにおおぜいの子どもまでもが殺されたホロコースト（大虐殺）の真相はこれほどまで知られなかったでしょう。

　生きのびることができたら、作家かジャーナリストになりたいと、アンネは夢をえがいていました。アンネならきっと、この日記だけでなく、たくさんの作品を世に送りだせたはずです。結婚し、子どもをさずかり、孫やひ孫にかこまれた笑顔のたえないおばあちゃんに、今ごろ、なっていたかもしれません。

③ アンネのバラがうつす彼女のおもかげ

　アンネは、オランダでのかくれ家生活の間、こっそりとまどのすきまから空をながめたり、木々をめでたりしていました。とくに花が、花の中でもとりわけバラがすきでした。当時、建物の裏庭にさいていた野バラと、何か会話をしていたかもしれません。

　一家でただひとり生きのびた父オットーさんは、スイスに移りすみます。そして、同じく強制収容所からきせき的に生きて帰ったある母子と新しい家庭を築きました。その、母とむすめは、かつてオランダで、フランク家の近くに住んでいました。むすめは、アンネと同い年でした。当時、道ばたで遊ぶアンネをよく見かけたそうです。

　そのスイスで1959年、オットーさんはベルギーの園芸家に出会います。アンネがバラずきだったことを知った園芸家は、交配によって８年がかりで生みだした、もっとも美しいバラに「Souvenir d'Anne Frank」――「アンネ・フランクの形見」と名づけて、アンネにささげることにしました。オットーさんは、このバラを家の庭でいつくしみ育てました。

　つぼみのときには深紅、開花するとオレンジ色、それから黄色がかった黄金色に変わります。日ざしをあびて、花びらの先からだんだん薄桃色に、さらにこく赤みをおびてゆき、やがて、なごりをおしむ間もなく、ちりおちてしまいます。くるくる変わる豊かな表情は、まるでアンネのよう。そして、たくさんの色を見せてちるこの花に、生きていればたくさんの才能が開花し、多くの実をみのらせたであろう少女が重なります。

　アンネは1944年４月５日の日記にこうしるしていました。書くことへの意欲をもやしながら、「わたしの望み

は、死んでからもなお生きつづけること！ その意味で、神様がこの才能を与えてくださったことに感謝しています。このように自分を開花させ、文章を書き、自分のなかにあるすべてを、それによって表現できるだけの才能を！」

アンネは日記を通じて、またバラを通じて、70年がたった今なお、私たちに語りかけ、問いかけてきます。紛争、テロが身近になり、何が起こるかわからない今日だからこそ、いっそう、その存在感がきわだちます。

1944年7月15日の日記。「わたしには、混乱と、惨禍と、死という土台の上に、将来の展望を築くことなどできません。この世界が徐々に荒廃した原野と化してゆくのを、わたしはまのあたりに見ています。（中略）でも、それでいてなお、顔をあげて天を仰ぎみるとき、わたしは思うのです――いつかはすべてが正常に復し、いまのこういう惨害にも終止符が打たれて、平和な、静かな世界がもどってくるだろう、と。」

④ 高井戸中学校にさいた平和のともしび

アンネのバラが東京都杉並区の高井戸中学校にやってきたのは、1976年。40年ほど前のことです。

1974年、小林桂三郎教諭の国語の授業で、生徒たちはアンネへの手紙を書き、それをまとめるために「アンネ・フランクに寄せる手紙編集委員会」を立ちあげました。自分たちで手紙を選び、編集して文集『暗い炎の後に』を作りました。そして1975年、アンネの父オットーさんに送ったのです。

その文集を授業で読んだとき、小林教諭は、アンネのバラの話をしました。前任校・泉南中学校で、同じように文集を作ったさいに知りあった聖イエス会の大槻道子牧師が、3年前の1972年にオットーさんからアンネのバラをゆずりうけたということを。送られてきた苗木10株は、到着に1か月近くかかったためか、枯れかかっていて、根づいたのは、1株だけでした。

「アンネが私たちの胸の中にすみついた。」

オットーさんに文集がとどいたころ、生徒たちの間から、アンネのバラを平和のシンボルとして、自分たちの学校で育てたいという声があがります。その思いを、大槻さんがオットーさんに伝えてくれました。生徒たちの思いを知ったオットーさんは、深く

感動します。さっそく、スイスから送ると約束してくれました。高校受験をひかえた生徒たちは、自身の父母の戦争体験を聞き書きした文集『生きている戦争』をまとめながら、都立神代植物公園の職員に相談するなどして、学校にアンネのバラを植えるじゅんびを進めました。

　そうしてついに、大槻さんや立川市の都立農業試験場、日本航空の協力により1976年3月24日、アンネのバラが日本に到着します。6月12日、農業試験場で3か月かけて技師が根づかせたバラを、すでに高校生になっていた生徒たちが胸にだいて、電車で学校まで運びます。おどろくことに、その日はアンネのたんじょう日でした。

　おおぜいの人の助けをえて、アンネのバラ3株が、ここ高井戸中学校に植わりました。この平和のともしびを後輩たちにどうつないでいけばいいのか――。卒業生は話し合いを重ねます。そして、立て札にこうきざみました。

　「暗い戦争の炎の中に死んでいったアンネ・フランクの魂のためにヨーロッパの園芸家が薔薇をつくり、アンネの父、オットー氏に贈った。それが多くの人々の善意により、この遠い日本の地にも根付く。この世の人々が手をつなぎ合って、永遠に幸せを守り続けられるようにと、心からの願いをこめて、この薔薇を育てていこう。私達は決してこの薔薇を枯らしてはならない。　　　アンネ・フランクに寄せる手紙編集委員会」

⑤ バラをむかえた40年前の生徒たち

「ぼくは、あなたの日記を読んでから生き方を変えました。(中略)平和の道へ歩んでいくのです。あなたの実現できなかった世界平和へ。(中略)ぼくは望みます。どれだけ長く生きるかより、どれだけよく生きるかということを。平和へ向かって力を合わせて生きるかということを。平和は向こうからは歩いてこない。」

文集『暗い炎の後に』で、表紙の版画を担当した坪松博之さんは、教室をぬけだし、よく授業をサボっていたそうですが、アンネへの手紙にこう書いていました。

何十年ぶりかに高井戸中学校をおとずれた坪松さんは、アンネのバラと当時の同級生ふたりに再会します。わずか3株だった苗がふえ、目の前に無数に広がっている光景を見て目をみはりました。「多くのことを考え行動しようとしながらも死んだ、同年代のアンネの存在を知って、世界平和のためにぼくらには何ができるかを考えた。そして、文集を作り、バラを育てようとした。でも始めることよりも、続けることのほうがむずかしい……まさか、さきつづけているとは。生徒の自己表現を引きだそうとしてくれた小林先生も喜んでいると思う。」

坪松さんの同級生、高原美和子さんは今、中学校の先生をしています。アンネとの出会いが今の自分につながっているそうです。「親は当時の戦時体制のなかで、大学へ行くことができなかった。……学びたかった父母にアンネが重なった。生きて収容所を出られたら社会のために活動したいとアンネが言ったように、私もそうありたいと思う。だから、子どもたちの成長にかかわれる教育の道を選んだ。」

もうひとりの同級生、唐澤哲平さんも、豊かな花だんをまのあたりにして、おどろきました。唐澤さんの子

どもがこの学校に通いはじめて、保護者と地域の人びとが「アンネのバラ・サポーターズ」としてバラを世話していることや、一般公開におおぜいの人がおとずれていることを知りました。「自分は、小林先生の授業をきっかけに編集委員たちがもりあがるのを外野からながめていたくらいだった。一部の生徒が始めたことが、学校の内から外へと広がり、バラを通じて世代をまたいで今、地域と深くつながっていることがすばらしい。」と感心しています。

坪松さんは、「アンネが亡くなって70年、バラがやってきてもうすぐ40年。彼女の時をこえる力はすごい。」としながら、「今のパレスチナを見ると、正義とは、悪とは何か、疑問もある。」とも。

知って、考えて、行動する。「アンネのバラはあくまでテーマであって、大切なのは自身がどんな考えを持っているか。わきあがる自分の思いをうつしだす、そんな自己表現を重ねてほしい。」と現役の生徒たちにエールを送ります。

⑥ 11年前、生徒が委員会を結成

　高井戸中学校のバラは長い歴史の間に、何度も消えかかりました。

　オットーさんからとどいたバラのうち、学校に植えられたのはわずか3株。それを、愛媛県の園芸家、相原嘉寿雄さんの協力によって、ふやしていきました。

　しかし、1996年に校舎の改築工事が始まったとき、また危機がおとずれます。バラは生徒たちの手からはなれてしまいました。育てる土地も、引き受け先も見つかりません。事務職員だった三浦邦敏さんと小林公広さんは、バラを何度も植えかえることになりました。そうするうちに、23株あったバラは病気で根がコブだらけになり、息たえそうになります。

　「命と平和の大切さを伝えるアンネのバラは、高井戸中学校の宝。」ふたりは何度も失敗を重ねながら、いのるように、さし木で株をふやす作業をおこないました。おかげで、一時は200株以上にまでふえました。

　そして2004年、生徒たちが「アンネのバラ委員会」を立ちあげます。1年生ながらに初代委員長となった広野萌さんは「アンネのバラは高井戸中のシンボル。ただ手入れするだけの存在

ではなく、平和の象徴としての意味を持つ。世界につながる平和のかけはしを作りたい。」と決意表明しました。毎日の担当を決め、休み時間や部活の合間にダッシュで花だんに向かい、水やりなどの世話をしました。しだいにまわりの子もえいきょうされて、仲間がふえていきます。12人で発足した委員会はやがて60人ほどに、手伝ってくれる生徒をふくめると100人ぐらいにまでふくらみました。

　その縁の下には、当時のＰＴＡ会長だった横山早苗さんたちが作る地域の協力組織、現「アンネのバラ・サポーターズ」の支援や、高井戸中学校の教諭だった大浦眞治さんの指導と平和教育がありました。

　広野さんたちは積極的に学校外にも活動の場を広げていきます。広島市の宇品中学校と交流をしたさいには、「原爆の子の像」の前でバラ２株をおくりました。「手をつなぎあって永遠に幸せを守りつづけられるように、私たちの手で育ててきた平和の象徴アンネのバラをたくします。」と。生徒会長だった三澤元気さんとともに韓国にも行きました。「かつて韓国を植民地支配した日本人に対し反感を持っているのではないか。」という不安をかかえながら。しかし、韓国の中高生はあたたかくむかえてくれ、平和についていっしょに考えることができました。広野さんは、もっともっと世界の人びとと平和交流をしたいという思いを強くしました。

　広野さんは早稲田大学を卒業して、大手企業でデザイナーとしてはたらいています。アンネのバラ委員会で学んだことをいかして、ひとつの考えにしばられず、いろんな角度からものごとを見るよう心がけています。久しぶりに高井戸中学校をおとずれた広野さんは、今の委員たちに「バラ委員会は、アンネの思いをせおっている。アンネのことを知らない人と平和を考える人とをつなぐ、かけはしになってほしい。」と、声をかけました。

⑦ 今、伝統を受けつぐ

　広野さんといっしょにバラを見に来た奥山裕貴さんは、アンネのバラ委員会の初代副委員長でした。小学6年生までポーランドに住んでいて、アウシュヴィッツやアンネの生家をたずねたこともあります。アンネとバラを通じて、あたりまえに平和があるのではないと知った奥山さんは、地域づくり、国づくりにかかわりたいとねがうようになりました。そして今、慶應義塾大学卒業後、大手コンサルティング会社ではたらいています。「オットーさんや先輩たちの思いがこもる、高井戸中学校のアンネのバラの歴史は重い。このバラがすべて枯れてしまってゼロになると、意味がなくなってしまう。」と語り、後輩たちの活動を見守ります。

　11年前に比べると委員の数も半分以下ですが、今も委員会の活動は続いています。2014年度委員長の加藤恵史郎くんはアンネに寄せた手紙の中で、「私はこのバラをあなたのたましいとして受けついでいきたいです。あたたかい目で見守っていてください。」とアンネに語りかけています。

　委員は水やりのほかに、花の数をしらべたり、枝を切って手入れをしたり、腐葉土を作ったりします。それをささえてくれるのは、「アンネのバラ・サポーターズ」の人たちです。バラの病気について勉強したり、株をふやすために、芽つぎを教わったりもします。

　技術的なことだけではなく、バラにたくされた思いについても、少しずつ学んでいきます。委員のある女子生徒はアンネへの手紙の中で、ふたつの意味で「ありがとう。」と伝えています。ひとつは「ユダヤ人というだけで差別されてきたあの時代を生きてくれて（私たちに戦争がもたらすものを伝えてくれて）ありがとう。」。もうひとつは「アンネがいてくれたから、こんなに、私たちが生きている時代が平和なんだと思う。ありがと

う。」。アンネがのこした日記やアンネたちのぎせいの先に、自分たちの平和が築かれているのだ、と感じたのです。ジャーナリストか作家になりたかったアンネ。戦争の現実を切りとった彼女の日記が、現代の人びとの胸にきざまれてゆきます。加藤くんの前任の委員長だった鈴木千学くんは「ここにアンネのバラがさいているかぎり、きっといつか平和への関心が根づいていく。」と信じます。いじめを乗りこえ、生徒会長をつとめた遠藤功大くんは生徒会で取りくむペイ・フォワード運動（人から受けた善意を、次のだれかにわたそうという運動）と重ねながら、「個人の心に思いやりを植えつけるには何十年もかかるかもしれない。でも続けることで、かならず人は変わる、そして世界も変わる。」と力をこめました。

⑧ そして世界へ、そして未来へ

　今日、アンネのバラはいくえにも広がりを見せています。2014年春の一般公開には、前年の4倍近い、過去最高の1277人の見学者が来校しました。また、高井戸中学校で育てたバラが北海道から九州まで、多くの学校や施設におくられ、各地でかれんな花をさかせています。

　そして学校内でも、今、新しい変化が起きようとしています。40年前の生徒である坪松博之さんや、11年前の生徒である奥山裕貴さんから、アンネのバラにまつわる話を全校生徒が聞いて、委員会以外の生徒の関心も高まったのです。

　ふたりの話を聞いた生徒たちは、「色の変わる、きれいなバラと思うだけで、なにげなく通りすぎるばかりだった。でも、アンネのバラの歴史を知ったからには、ここにあることをほこりに思い、枯らさないよう大切にし、社会に広げたい。」と感想文に思いをつづっていました。委員会に入っていない数十人の生徒が、花だんの土ほりや、さし木を手伝ったり、委員が作ったアンネクイズに参加したりしました。自分や他人の命を大事にし、若くして亡くなったアンネのぶんもけんめいに生きようと、思いを新たにした生徒もいました。

　40年前、生徒たちがアンネへの手紙を書くきっかけを作った小林桂三郎教諭は、アンネの悲劇を遠い国の昔のできごととかたづけず、自分たちの問題としてとらえてほしかったそうです。当時の生徒は親の戦争被害の体験を文集にまとめるだけでなく、ナチス・ドイツの同盟国として日本人が中国などアジア戦線でおおぜいの人を虐待、虐殺した加害行為についても、知るようになりました。当時のある生徒はアンネへの手紙の中で、こんなことが二度と起こらないよう、歴史をふりかえり、加害の傷あとも知らねばならない、と書いています。

アンネは今のパレスチナ地域を見て、どう思うでしょうか。彼女が亡くなった第二次世界大戦のあとに、悲劇をせおったユダヤ人がイスラエルを建国し、そこにくらしていたパレスチナ人は土地を追われました。イスラエルがアメリカのうしろ盾もえて、強大な武力を持ったことで、今なお多くのパレスチナ人がぎせいになっています。

　加害と被害、善と悪……と、たんじゅんに線を引けるわけではありません。この本を手にとったあなたには、何ができるでしょうか。個人の価値観はもちろん、民族、宗教、慣習、伝統も千差万別です。だからこそ自分と他人のちがいを認め、たがいの存在を大事にすること。世界の広さとふくざつさを学ぶのと同時に、自分の心をしっかりたがやし、志を立て、自身の良心にそって行動すること。別世界の人間だと思っていた人たちとふれあい、助けあえたときの感動とあたたかさをはだで知ること——。

　原爆の被害を知り、アジアでの加害を知って、戦争を放棄した日本人が——今日、ふたたび戦争への扉を開けつつありますが——、武力ではなく話し合いによって、紛争する国々の和平を仲介し、パレスチナをはじめ世界中の戦火を消し、平和と共生をみちびく使者になれればとねがいます。ミサイルではなく、アンネのバラをたずさえて。

國森康弘（くにもり　やすひろ）

写真家、ジャーナリスト。1974年生まれ。京都大学経済学研究科修士課程修了、神戸新聞社記者を経てイラク戦争を機に独立。イラク、ソマリア、スーダン、ウガンダ、ブルキナファソ、カンボジアなどの紛争地や経済貧困地域を回り、国内では、戦争体験者や野宿労働者、東日本大震災被災者の取材を重ねてきた。近年は「命の有限性と継承性」をテーマに看取りの現場などを取材している。第22回けんぶち絵本の里大賞、第12回上野彦馬賞、ナショナルジオグラフィック第13回国際写真コンテスト2009日本版優秀賞などを受賞。著書に、『いのちつぐ「みとりびと」』第1集、第2集（農文協）、『家族を看取る』（平凡社）、『証言 沖縄戦の日本兵』（岩波書店）、『3・11 メルトダウン』（凱風社、共著）、『TSUNAMI 3・11 東日本大震災記録写真集』（第三書館、共著）、『子ども・平和・未来　21世紀の紛争』（岩崎書店、共著、全5巻）などがある。www.kunimorifoto.net/

今回の出版にあたって、本書にご登場頂いた関係者や生徒の皆様のほか、池田武男校長、山内清一副校長をはじめ高井戸中の先生方、鳥生千恵代表や川池道代樹木医らアンネのバラ・サポーターズの方々、区民ライター内藤じゅんさんたちのご協力に感謝致します。
アンネのバラに想いを馳せながら……、ありがとうございました。

装幀　城所 潤（Jun Kidokoro Design）
本文レイアウト　脇田明日香

写真　時事（p.9）
参考　『アンネの日記 増補新訂版』　アンネ・フランク／著　深町眞理子／訳（文藝春秋）

世の中への扉　アンネのバラ　40年間つないできた平和のバトン

2015年 5月14日　第1刷発行
2020年12月 1日　第4刷発行

文・写真　國森康弘
発行者／渡瀬昌彦
発行所／株式会社講談社
　　〒112-8001　東京都文京区音羽2-12-21
　　電話 編集／03-5395-3535　販売／03-5395-3625　業務／03-5395-3615
印刷所／株式会社新藤慶昌堂　製本所／大口製本印刷株式会社

落丁本・乱丁本は、購入書店名を明記のうえ、小社業務あてにお送りください。送料小社負担にておとりかえいたします。なお、この本についてのお問い合わせは、児童図書編集あてにお願いいたします。定価はカバーに表示してあります。
本書のコピー、スキャン、デジタル化等の無断複製は著作権法上での例外を除き禁じられています。本書を代行業者等の第三者に依頼してスキャンやデジタル化することはたとえ個人や家庭内の利用でも著作権法違反です。

©Yasuhiro Kunimori 2015 Printed in Japan　　N.D.C.487 47p 19cm　　ISBN978-4-06-287011-5